中国人民政治协商会议第十四届全国委员会第二次会议文件汇编

中国人民政治协商会议全国委员会办公厅编

人民出版社

目　　录

中国人民政治协商会议第十四届全国委员会
　　第二次会议政治决议 …………………………………（1）

中国人民政治协商会议第十四届全国委员会
　　第二次会议关于常务委员会工作报告的决议 ………（6）

中国人民政治协商会议全国委员会常务委员会
　　工作报告
　　　——在政协第十四届全国委员会第二次会议上 … 王沪宁（7）

在中国人民政治协商会议第十四届全国委员会
　　第二次会议闭幕会上的讲话 ……………… 王沪宁（21）

中国人民政治协商会议第十四届全国委员会
　　第二次会议关于政协十四届一次会议以来
　　提案工作情况报告的决议 …………………………（25）

中国人民政治协商会议全国委员会常务委员会
　　关于政协十四届一次会议以来提案工作
　　情况的报告
　　　——在政协第十四届全国委员会第二次会议上 … 高云龙（26）

中国人民政治协商会议第十四届全国委员会

 提案委员会关于政协十四届二次会议提案

 审查情况的报告 …………………………………（35）

附 录 一

关于召开中国人民政治协商会议第十四届

 全国委员会第二次会议的决定 ……………（37）

中国人民政治协商会议第十四届全国委员会

 第二次会议议程 ……………………………………（38）

中国人民政治协商会议第十四届全国委员会

 第二次会议秘书长、副秘书长名单……………（39）

附 录 二

团结凝聚力量，奋斗铸就伟业

 ——热烈祝贺全国政协十四届二次会议开幕

 …………………………………《人民日报》社论(40)

凝心聚力推进中国式现代化

 ——热烈祝贺全国政协十四届二次会议开幕

 ………………………………《人民政协报》社论(43)

画好最大同心圆　共谱壮美新华章

 ——热烈祝贺全国政协十四届二次会议胜利闭幕

 …………………………………《人民日报》社论(46)

团结奋进　不断开创新时代人民政协工作新局面
　　——热烈祝贺全国政协十四届二次会议胜利闭幕
·································《人民政协报》社论(49)

中国人民政治协商会议
第十四届全国委员会
第二次会议政治决议

（2024 年 3 月 10 日政协第十四届
全国委员会第二次会议通过）

中国人民政治协商会议第十四届全国委员会第二次会议，于 2024 年 3 月 4 日至 10 日在北京举行。

中共中央总书记、国家主席、中央军委主席习近平等党和国家领导同志出席会议，同委员共商国是。会议以习近平新时代中国特色社会主义思想为指导，全面贯彻中共二十大和二十届二中全会精神，认真学习贯彻习近平总书记在全国两会期间发表的重要讲话精神，积极履行职责，务实协商议政，顺利完成各项议程，取得重要成果。

会议审议批准王沪宁代表政协第十四届全国委员会常务委员会所作工作报告，审议批准高云龙所作提案工作情况报告。委员们列席第十四届全国人民代表大会第二次会议，听取并讨论李强所作政府工作报告，听取并讨论最高人民法院工作报告、最高人民检察院工作报告，讨论国务院组织法修订草案以及其他有关报告等,表示赞同并提出意见和建议。

会议认为,过去一年,以习近平同志为核心的中共中央团结带领全党全国各族人民,坚持稳中求进工作总基调,坚决克服内外困难,全面深化改革开放,新冠疫情防控平稳转段,高质量发展扎实推进,科技创新实现新突破,粮食总产再创新高,安全发展基础巩固夯实,民生保障有力有效,中国特色大国外交成效显著,经济社会发展主要目标任务圆满完成,社会大局保持稳定,全面建设社会主义现代化国家迈出坚实步伐,极大增强了全国各族人民信心和底气。成绩来之不易,必须倍加珍惜。

实践充分证明,"两个确立"是中国共产党团结带领全国各族人民应对一切不确定性的最大确定性、最大底气、最大保证。人民政协要深刻领悟"两个确立"的决定性意义,增强"四个意识"、坚定"四个自信"、做到"两个维护",始终在思想上政治上行动上同以习近平同志为核心的中共中央保持高度一致。

习近平总书记肯定一年来人民政协服务党和国家事业发展作出的积极贡献,对做好政协工作作出重要指示。广大政协委员深受鼓舞、备感振奋,一致表示要提高政治站位,抓好贯彻落实,围绕中共二十大提出的重大战略任务,深入调查研究,积极建言资政,广泛凝聚共识,助力中国式现代化建设。

会议指出,习近平总书记在民革、科技界、环境资源界委员联组会上发表重要讲话,就民革、科技界、环境资源界发挥优势作用、更好履行职能提出明确要求,讲话具有很强的政治性、思想性、指导性、针对性,广大政协委员要认真学习贯彻。要坚持新时代中国共产党解决台湾问题的总体方略,团结一切可以团结的爱国力量,深化两岸各领域融合发展,共同推进祖国和平统一进程。要进一步增强科教兴国强国抱负,担当科技创新重任,助力发展新质生产力,推动科技自立自强。要深入学习贯彻习近平生态文明思想,在加强生态环境保护、以高水平保护支撑高质量发展上作出新贡献,推进美丽中国建设。

会议认为,中共十八大以来,以习近平同志为核心的中共中央团结带领全党全国各族人民在已有基础上继续前进,不断实现理论和实践上的创新突破,成功推进和拓展了中国式现代化。要坚持中国共产党的领导,坚持中国特色社会主义道路,坚持团结广大人民群众,确保中国式现代化沿着正确方向行稳致远,把中共二十大擘画的宏伟蓝图一步步变成美好现实。人民政协要自觉服务新时代新征程党和国家中心任务,紧扣中共中央重大决策部署、国家重大战略需求、发展中重大现实问题,广谋良策、广聚共识,为推进中国式现代化贡献智慧和力量。

会议认为,中共十八大以来,以习近平同志为核心的中共中央以巨大的政治勇气全面深化改革,坚决破除各方面体制机制弊端,许多领域实现历史性变革、系统性重塑、整体性重构。要进一步全面深化改革,推进高水平对外开放,不断解放和发展社会生产力,激发和增强社会活力。人民政协要聚焦重大改革任务深入调研协商,围绕重大改革举措落地见效开展民主监督,为改革添助力、聚合力。

会议认为,十四届全国政协坚持以习近平新时代中国特色社会主义思想为指导,坚持中国共产党全面领导和中共中央集中统一领导,坚持团结和民主两大主题,坚持人民政协性质定位,坚持在党和国家工作大局中谋划和推进工作,扎实开展学习贯彻习近平新时代中国特色社会主义思想主题教育,围绕贯彻中共二十大重大决策部署开展调查研究、协商议政、民主监督,拓展团结联谊广度深度,提升工作制度化、规范化、程序化水平,守正创新、履职尽责,各项工作取得新成效、实现良好开局,为党和国家事业发展作出新贡献。

会议强调,今年是中华人民共和国成立 75 周年,是实现"十四五"规划目标任务的关键一年,也是人民政协成立 75 周年。要毫不动摇坚持中国共产党领导,坚持党的领导、统一战线、协商民主有机结合,提高政治判断力、政治领悟力、政治执行力,把坚决做到"两个维护"贯彻到人民政协工作各方面和全过程。要坚持不懈用习近平新时代中国特色社会主义思想凝心铸魂,巩固拓展主题教育成果,常态化开展理论学习和政治培训,更好把学习成效转化为政治协商、民主监督、参政议政的能力本领。要发挥我国新型政党制度优势,铸牢中华民族共同体意识,坚持我国宗教中国化方向,加强同党外知识分子、非公有制经济人士、新的社会阶层人士联系，全面准确、坚定不移贯彻"一国两制"、"港人治港"、"澳人治澳"、高度自治的方针，促进政党关系、民族关系、宗教关系、阶层关系、海内外同胞关系和谐，巩固和发展最广泛的爱国统一战线。要深入开展委员联系界别群众工作和委员履职"服务为民"活动，协助党和政府做好提振信心、凝聚人心、解疑释惑的工作。要积极开展对外友好交往，宣介构建人类命运共同体理念，讲好中国故事，传播好中国声音。要筹备组织好庆祝人民政协成立75周年相关活动，发扬优良传统，牢记政治责任，加强思想政治引领，加强专门协商机构制度建设，加强自身建设，不断把人民政协事业推向前进。

会议强调，要持续加强政协委员和机关干部"两支队伍"建设。广大政协委员要落实习近平总书记关于"懂政协、会协商、善议政，守纪律、讲规矩、重品行"的重要要求，提高自身素质和履职能力，讲实话、道实情、谋实招，展现奋发有为的精神风貌。要提高机关干部综合素质和服务水平，倡导精益求精、追求极致的工作作风，克服和纠治形式主义、官僚主义，推进党风廉政建设和反腐败斗争，建设让党放心、让人民满意的模范机关。

会议号召，人民政协各参加单位、各级组织和广大委员，要更加紧密地团结在以习近平同志为核心的中共中央周围，同心同德、群策群力，不断开创新时代人民政协工作新局面！

中国人民政治协商会议
第十四届全国委员会第二次会议
关于常务委员会工作报告的决议

（2024 年 3 月 10 日政协第十四届
全国委员会第二次会议通过）

中国人民政治协商会议第十四届全国委员会第二次会议，批准王沪宁代表政协第十四届全国委员会常务委员会所作的工作报告。

中国人民政治协商会议
全国委员会常务委员会工作报告

——在政协第十四届全国委员会第二次会议上

（2024 年 3 月 4 日）

王　沪　宁

各位委员：

我代表中国人民政治协商会议第十四届全国委员会常务委员会，向大会报告工作，请予审议。

一、2023 年主要工作

2023 年是全面贯彻中共二十大精神的开局之年。以习近平同志为核心的中共中央团结带领全党全国各族人民，坚持稳中求进工作总基调，接续奋斗、砥砺前行，坚决克服内外困难，全面深化改革开放，新冠疫情防控平稳转段，高质量发展扎实推进，科技创新实现新突破，安全发展基础巩固夯实，民生保障有力有效，经济社会发展主要目标任务圆满完成,社会大局保持稳定,全面建设社会主义现代化国家迈出坚实步伐,极大增强了全国各族人民信心和底气。

在以习近平同志为核心的中共中央坚强领导下,政协全国委员会及其常务委员会坚持以习近平新时代中国特色社会主义思想为指导,全面贯彻中共二十大和二十届二中全会精神,深刻领悟"两个确立"的决定性意义,增强"四个意识"、坚定"四个自信"、做到"两个维护",坚持团结和民主两大主题,坚持人民政协性质定位,坚持在党和国家工作大局中谋划推进政协工作,守正创新、团结奋进,在历届全国政协打下的良好基础上,各项工作取得新成效,服务党和国家事业发展作出新贡献。

为推动十四届全国政协履职工作开好局,我们着重在以下四方面下功夫、求实效。

一是坚持中国共产党对人民政协工作的全面领导,把牢履职正确政治方向。我们深刻认识人民政协是中国共产党领导的政治组织,自觉把坚持中国共产党全面领导和党中央集中统一领导贯穿到人民政协全部工作之中,在思想上政治上行动上同以习近平同志为核心的中共中央保持高度一致。制定全国政协党组、机关党组向中共中央请示报告事项清单,严格执行重大事项请示报告制度。建立"第一议题"制度,全国政协党组会议、主席会议传达学习贯彻习近平总书记最新重要讲话和重要指示批示精神 19 次、182 篇。健全习近平总书记重要指示批示精神和中共中央决策部署贯彻落实制度、工作台账、督查机制。对中共十八大以来习近平总书记关于人民政协工作重要批示和中共中央关于人民政协工作重要文件落实情况开展"回头看"。学习领会全国生态环境保护大会、中央金融工作会议、中央经济工作会议、中央外事工作会议等重要会议精神和中共中央重要部署,全国政协及政协机关、各专门委员会制定实施落实工作方案 64 份。

二是强化政治培训,提高政治能力和履职本领。我们以加强思想政治建设为根本,以增强围绕中心、服务大局本领为关键,制定十四届全国政协委员集中学习培训规划和培训工作办法、全国政协机关干部教育培训规划和培训工作办法等。围绕学习贯彻习近平总书记关于加强和改进人民政协工作的重要思想等,举办新任委员学习研讨班、专门委员会主任会议暨学习研讨班、委员专题学习研讨班、各级政协干部专题培训班等,8740 人次参加学习培训,全国政协主席会议成员参加并带头授课,引导广大委员和机关干部坚持用党的创新理论凝心铸魂、强基固本,提高政治判断力、政治领悟力、政治执行力,更好为国履职、为民尽责。

三是完善工作制度体系,夯实履职制度基础。我们认真落实习近平总书记在中共二十大报告中关于加强人民政协制度化、规范化、程序化等功能建设的重要要求,围绕学习培训、调研视察、协商议政、谈心交流、新闻宣传、委员读书、机关建设等工作,制定和修订 87 项制度。严格制度执行,梳理汇编全国政协层面 57 项、机关层面 171 项制度,对重点制度落实情况开展专项督查,落实反对形式主义、官僚主义要求。全国政协机关抓好配套制度建设,做到定岗定责问效、依规依制履职。

四是坚持问题导向,提高调研议政质量。我们把握人民政协工作定位和特点,对协商议政工作进行全流程规范和优化,在"深、实、细、准、效"上持续用力。坚持调研于协商之前,贯彻中共中央大兴调查研究要求,制定加强和改进调查研究工作意见,探索建立由主席会议成员牵头、跨专门委员会的专题研究制度,针对协商议政中一些深层次问题组织力量跟进研究,通过"调研—协商—再调研"把问题研深议透。改进重要协商会议筹备组织工作,增强参会委员专业性和代表性,创造条件帮助委员掌握情况、熟悉政策,促进深度协商互动、广泛凝聚共识。从 1755 个建议议题中遴选出 21 个重点协商议政题目,围绕中心任务和群众期盼协商议政、建言资政。

一年来,全国政协常委会履行各项职能,主要做了以下工作。

(一)扎实开展学习贯彻习近平新时代中国特色社会主义思想主题教育,巩固团结奋斗的共同思想政治基础。我们把习近平新时代中国特色社会主义思想作为统揽政协工作的总纲,坚持学思用贯通、知信行统一,推动各党派团体和各族各界人士实现思想上共同进步、行动上步调一致。统筹开展政协党组和机关党组、各专门委员会分党组等主题教育,聚焦学思想、强党性、重实践、建新功总要求,在以学铸魂、以学增智、以学正风、以学促干上取得实效。围绕学习领会《习近平著作选读》、《习近平新时代中国特色社会主义思想专题摘编》、中共二十大报告等,举办5次全国政协党组理论学习中心组集体学习、2期专题读书班、4次主席会议集体学习、3次常委会学习讲座。坚持把学习阐释习近平总书记相关重要论述和中共中央重大决策部署贯穿于协商议政活动之中,增强建言资政针对性和思想引领有效性。习近平新时代中国特色社会主义思想学习座谈小组共举办学习座谈会35次,委员参加619人次,覆盖34个界别。制定全国政协委员读书活动工作办法,开设"学习贯彻习近平新时代中国特色社会主义思想"等12个主题读书群。出台加强和改进理论研究工作意见,引导委员结合履职围绕重大理论和实践问题开展研究、以研促学。支持中国人民政协理论研究会举办"发挥人民政协在发展全过程人民民主中的重要作用"理论研讨会。在全国政协机关报刊开设理论学习专栏,刊登全国政协党组成员、各专门委员会分党组书记、地方政协主要负责同志、政协委员理论学习文章516篇。通过学习和研究,广大委员和机关干部更加深刻感悟习近平新时代中国特色社会主义思想的真理力量和实践伟力。坚持边学边查边改边建,广泛征求往届全国政协领导同志、各专门委员会负责同志、政协委员、政协机关干部、各省级和副省级市政协意见和建议,结合全国政协党组主题教育专题民主生活会查摆的问题,明确69条整改举措,按计划全部落实。

(二)围绕中共二十大重大部署协商议政,服务党和国

家中心任务。我们认真组织实施中共中央批准的年度协商计划,举办专题议政性常委会会议、专题协商会、双周协商座谈会、远程协商会、提案办理协商会、界别协商会、对口协商会、专家协商会、重点关切问题情况通报会等各类协商活动 94 场次,共 5087 人次参加、1602 人次发言。召开"构建新发展格局,推进中国式现代化"、"完善科技创新体系,加快实施创新驱动发展战略"专题议政性常委会会议,围绕建设现代化产业体系、提升产业链供应链韧性和安全水平、健全关键核心技术攻关新型举国体制、提高全民科学素质等开展系列调研协商,提出针对性、操作性强的意见和建议。就优化民营企业发展环境等开展系列调研,围绕新型城镇化建设、促进房地产市场平稳健康发展专题协商,举办4 次宏观经济形势分析座谈会,开展政协委员谈经济等系列活动,助力提振发展信心。召开"加强生态环境保护,推进美丽中国建设"专题议政性常委会会议,发挥新增设环境资源界作用,就深入打好污染防治攻坚战、加快推动发展方式绿色低碳转型、全面推进长江经济带发展、黄河流域生态保护和高质量发展、运用法治方式推进自然保护地体系建设、加强荒漠化综合防治等深度协商,针对新污染物治理、新能源产业再生资源回收利用、生态产品价值实现机制、推进国家水网建设等问题开展研究。召开"增强中华文明传播力影响力"专题协商会,就保护传承弘扬中华优秀传统文化、全媒体传播体系建设、数字文化产业发展、加强文旅融合等调研建言,服务文化强国建设。扩大协商参与面,增加专题议政性常委会会议发言人数,增加双周协商座谈会列席委员。加强同地方政协沟通协调,就相关议题开展联动协商。制定加强和改进民主监督工作实施意见,发挥协商式监督优势,围绕"十四五"规划实施中的 10 个重点问题接续开展专项民主监督,92 人次参加。推荐 21 名委员担任国家监委特约监察员、30 名委员担任最高人民法院特约监督员、10 名委员担任公安部党风政风警风监督员。

（三）**践行以人民为中心的发展思想,助推保障和改善民生。**我们坚持履职为民,引导委员立足实际服务群众。召开"统筹城乡融合发展,全面推进乡村振兴"专题协商会,围绕加强高标准农田建设、促进高质量充分就业、守住不发生规模性返贫底线、办好人民满意的教育、构建现代职业教育体系、提高产业工人创新技能、优质医疗资源扩容和区域均衡布局、老龄事业和老龄产业协同发展、推进市域社会治理现代化等深入调研,就中小学教研体系建设、加快社会适老化改造、健全生育支持政策体系等进行协商。创新开展委员履职"服务为民"活动,创办"委员科学讲堂",开展"科普万里行"活动,组织委员面向青少年、基层群众等举办科普讲座、法治宣讲等 44 场次。开展"政协委员企业进校园促就业"和医卫、体育、文化、科技"下基层惠民生"等活动,组织委员开展捐资助学、扶残助弱、技术培训、法律援助、项目帮扶等服务群众活动 2480 项,引导广大委员担当尽责,以实际行动践行人民政协为人民的理念。

（四）抓实经常性工作，提升履职效能。我们加强调研活动统筹安排，精简团组人数，避免集中扎堆调研，减轻基层负担。开展全国政协党组成员领题调研、主席会议成员专题研究和专门委员会调研视察考察等138项。委员参加全国政协视察考察团组17个、202人次，参加81项专题调研、600多人次。创设《政协调研》。修订提案工作条例，提高提、立、办、督、评工作质量，收到提案5621件，立案4791件，办复率达99.9%，1982名委员参与提案，1811名委员作为第一提案人提交提案，编发《重要提案摘报》和专报。遴选并督办重点提案72项，有22名主席会议成员牵头督办31项重点提案。制定加强和改进反映社情民意信息工作意见，收到各方面信息来稿43995篇，采用6010篇。其中，1154名委员报送信息7421篇，采用1715篇，委员报送信息最多的93篇、采用最多的23篇。编报各类信息刊物1063期，其中向中共中央、国务院和有关部门报送信息594期，转化提案、大会发言、谈心交流、调研视察、协商议政成果编报信息233期，各类议政建言成果收到批示578人次、反馈报告76个，为有关部门制定政策、出台措施提供了重要参考。政协机关报刊刊发重要协商活动报道680篇、委员履职报道2278篇，《人民政协报》开设专栏刊发各地政协经验做法的系列报道278篇。改进大会发言遴选和组织工作，增强发言代表性和感染力，编发大会发言901篇，65位委员作口头发言。《人民日报》和全国政协机关报刊刊发常委会会议、双周协商座谈会等委员发言818篇次。制定完善委员联系界别群众制度机制意见,全国政协委员共开展6806项联系界别群众活动。制定《十四届全国政协文史资料选题协作规划》及征编方案。召开全国政协机关工作座谈会和11场机关干部座谈会,同19个室局324名机关干部面对面交流。坚持正确用人导向,抓好干部队伍教育整顿,组织机关808名党员干部自查自纠自报自改。成立全国政协党组巡视机构,制定专项巡视工作办法及5年规划,部署对10个专门委员会分党组开展全覆盖巡视。支持中央纪委国家监委驻全国政协机关纪检监察组工作,建设模范机关取得新成效。组织7轮安全隐患排查整改,确保机关安全运行。

（五）**发挥统一战线组织功能,促进政党关系、民族关系、宗教关系、阶层关系、海内外同胞关系和谐。**我们把加强思想政治引领、广泛凝聚共识作为履职工作的中心环节,坚持一致性和多样性统一,努力寻求最大公约数、画出最大同心圆。发挥人民政协作为实行中国新型政党制度重要政治形式和组织形式作用,有关专门委员会同各民主党派中央、全国工商联开展联合调研5次、联办协商活动9次,各民主党派、全国工商联和无党派人士提交提案563件、大会发言144篇。设立委员联络机构。全国政协党组成员同党外委员开展"一对一"谈心交流403人次,交流情况、沟通思想、增进共识,许多重要意见得到有关部门重视采纳。组织党外委员专题视察11次,健全党员委员联系党外委员制度机制,828名中共党员委员同1157名党外委员建立联系。注重在履职中加强同党外知识分子、非公有制经济人士、新的社会阶层人士沟通交流、联系联谊。学习贯彻新时代党的治藏方略、新时代党的治疆方略,就推进藏传佛教中国化、推进新疆伊斯兰教中国化等赴西藏、新疆、四川涉藏州县开展 10 次调研视察,就加强各民族交往交流交融历史阐释和宣传教育、加强高校铸牢中华民族共同体意识教育等深入研究。召开少数民族界、宗教界反映社情民意座谈会,组织开展"委员促三交"系列活动。围绕促进港澳青年更好融入国家发展大局等开展调研,组织深化港澳与内地交流合作专题视察,完善联系港澳委员工作机制。围绕加强两岸产业合作、打造两岸共同市场等协商建言,举办第六届两岸基层治理论坛,助推两岸融合发展。接待海外侨团来访 367 人次,就海外侨胞深度参与共建"一带一路"调研座谈,凝聚侨心、汇集侨智、发挥侨力。

(六)积极开展对外友好交往,服务党和国家对外工作大局。我们按照党和国家对外工作总体部署,统筹开展公共外交、民间外交、智库外交,助力营造有利外部环境。全国政协及所属机构组织出访 23 批次,同 50 个国家的 200多个机构交流互动,新建立同 41 家国外智库和 12 个民间组织的联系,举办国际组织驻华代表、外国驻华使节、"东方奖学金"高级访问学者等 3 场"进政协"活动,同外方各界人士 2100 余人次开展交流,参访、来访或来华出席国际会议的人员涉及 84 个国家和 25 个国际组织,增进外方人士对中国式现代化和我国全过程人民民主、人民政协的了解认知。组建十四届全国政协中非友好小组，开展对非友好交往。支持中国宗教界和平委员会举办第二届"跨宗教交流与构建人类命运共同体"国际研讨会。支持指导中国经济社会理事会办好以"开放、发展、文明——构建人类命运共同体"为主题的 2023 年中国经济社会论坛等活动，宣介第三届"一带一路"国际合作高峰论坛成果。引导委员对外积极发声，展现可信、可爱、可敬的中国形象。

各位委员，一年来取得的工作成绩，根本在于以习近平同志为核心的中共中央坚强领导，在于习近平新时代中国特色社会主义思想科学指引，是各方面大力支持和人民政协各参加单位、广大政协委员共同努力的结果。对此，我代表全国政协常委会表示衷心的感谢！

同时，我们的工作还存在一些不足之处，主要是围绕重大问题深入研究论证、深度协商议政系统性不足，协商式监督创新举措不够，发挥委员主体作用的活动和载体不够丰富，制度落实存在薄弱环节等。这些将在今后工作中认真研究改进。

二、2024 年主要任务

2024 年是中华人民共和国成立 75 周年，是实现"十四五"规划目标任务的关键一年，也是人民政协成立 75 周年。人民政协要坚持以习近平新时代中国特色社会主义思想为指导，深刻领悟"两个确立"的决定性意义，增强"四个意识"、坚定"四个自信"、做到"两个维护",全面贯彻中共二十大和二十届二中全会精神,坚持党的领导、统一战线、协商民主有机结合,紧紧围绕推进中国式现代化履职尽责,推进思想政治引领,积极建言资政,广泛凝聚共识,加强自身建设,为实现全年经济社会发展目标任务汇聚智慧和力量。

——**坚持中国共产党对人民政协工作的全面领导**。坚持中国共产党领导是成立人民政协时的初心所在,是75年来人民政协始终恪守的根本政治原则,是人民政协事业发展进步的根本保证。我们要发扬优良传统、牢记政治责任,坚持以习近平同志为核心的中共中央集中统一领导,深刻把握人民政协制度和人民政协组织的鲜明政治属性,把中国共产党领导贯穿到协商议政、民主监督、凝聚共识、调查研究、团结联谊、自身建设等各项工作之中,把中国共产党主张转化为社会各界的广泛共识和自觉行动,确保中共中央决策部署在人民政协得到全面贯彻。

——**坚持不懈加强党的创新理论武装**。习近平新时代中国特色社会主义思想是党和国家必须长期坚持的指导思想,学习贯彻这一思想要常抓常进、真信真用。我们要巩固拓展主题教育成果,做好深化、内化、转化工作,常态化开展委员读书和理论学习及政治培训,更好把学习成效转化为政治协商、民主监督、参政议政能力,转化为以高水平履职服务高质量发展实践。要加强理论研究,围绕习近平新时代中国特色社会主义思想的科学体系、丰富内涵、实践要求开展研讨交流,以理论学习带动政治能力和履职水平提升。要筹备好庆祝人民政协成立 75 周年相关活动,引导参加人民政协的各党派团体和各族各界人士深刻认识中国特色社会主义政治制度优势,不断把人民政协事业推向前进。

——**聚焦中国式现代化目标任务献计出力**。我们要发挥人民政协作为专门协商机构作用,紧扣中共中央重大决策部署、国家重大战略需求、发展中重大现实问题履职建言。要实施好中共中央批准的全国政协 2024 年协商计划,强化专门委员会基础性作用和委员主体作用,发挥界别优势,大兴调查研究,深入一线了解实践创造的鲜活经验、人民群众的愿望诉求、政策实施的难点堵点,增强对策建议前瞻性和精准度,拓展议政建言深度,提高民主监督实效,践行发展全过程人民民主要求,更好服务科学民主决策,助推决策部署贯彻落实。

——**致力于画好最大同心圆**。我们要发挥人民政协作为最广泛的爱国统一战线组织作用,把握新形势下群众工作特点和规律,增强团结联谊、谈心交流等工作实效,深入开展委员联系界别群众工作和委员履职"服务为民"活动,协助党和政府做好宣传政策、解疑释惑、凝心聚力、促进团结的工作。要加强思想政治引领,善于用中国式现代化宏伟蓝图和生动实践鼓舞人、激励人、感召人,不断提升共识度、拓展团结面,促进全体中华儿女紧密团结起来。要发挥人民政协在对外交往中的作用,宣介构建人类命运共同体理念,讲好中国故事、传播好中国声音。

各位委员！做好新时代新征程人民政协工作，对我们的政治能力和履职水平提出了新的更高要求。我们要落实习近平总书记关于"懂政协、会协商、善议政，守纪律、讲规矩、重品行"的重要要求，加强"两支队伍"建设，提高政治判断力、政治领悟力、政治执行力，重实情、做实功、务实效。要落实中央八项规定及其实施细则精神，克服和纠治形式主义、官僚主义，展现政协委员奋发有为的精神风貌。要深化政治机关建设，倡导精益求精、追求极致的工作态度，完善规章制度，增强工作计划性、系统性、针对性、实效性，提高机关干部综合素质和服务水平，推进党风廉政建设和反腐败斗争，做到不折不扣抓落实、雷厉风行抓落实、求真务实抓落实、敢作善为抓落实，建设让党放心、让人民满意的模范机关。

各位委员！团结凝聚力量，奋斗铸就伟业。让我们更加紧密地团结在以习近平同志为核心的中共中央周围，同心同德、群策群力，不断开创新时代人民政协工作新局面，为全面建设社会主义现代化国家、全面推进中华民族伟大复兴而不懈奋斗！

在中国人民政治协商会议第十四届全国委员会第二次会议闭幕会上的讲话

（2024 年 3 月 10 日）

王 沪 宁

各位委员，同志们：

中国人民政治协商会议第十四届全国委员会第二次会议，经过全体委员共同努力，圆满完成各项议程。

中共中央高度重视这次会议，中共中央总书记、国家主席、中央军委主席习近平等党和国家领导同志出席大会开幕会和闭幕会，看望委员并参加联组讨论，同委员们共商国是。

全体委员高度评价过去一年以习近平同志为核心的中共中央团结带领全党全国各族人民顽强拼搏、勇毅前行，圆满实现经济社会发展主要预期目标，引领"中国号"巨轮劈波斩浪、奋勇前进。全体委员更加深刻地领悟到"两个确立"对我们应对各种风险挑战、推进党和国家事业发展具有决定性意义。

会议期间，全体委员认真学习习近平总书记参加民革、科技界、环境资源界委员联组会等的重要讲话精神，深入讨论政府工作报告和其他报告，认真审议政协常委会工作报告和提案工作情况报告等文件，积极建言资政，广泛凝聚共识，取得丰硕议政成果。这是一次高举旗帜、真抓实干、团结奋进的大会，汇聚了正能量、提振了精气神。

各位委员、同志们！

今年是中华人民共和国成立75周年。75年来，在中国共产党领导下，我国取得了举世瞩目的伟大成就，中华民族迎来了从站起来、富起来到强起来的伟大飞跃。特别是以习近平同志为核心的中共中央团结带领全党全国各族人民奋进新时代，在中华大地上全面建成小康社会，实现了第一个百年奋斗目标，昂首阔步踏上了实现第二个百年奋斗目标新征程。

今年也是人民政协成立75周年。75年来，人民政协积极投身建立新中国、建设新中国、探索改革路、实现中国梦的伟大实践，走过了辉煌历程。

聚焦党和国家中心任务履职尽责，是习近平总书记对人民政协工作提出的重要要求。我们要坚持以习近平新时代中国特色社会主义思想为指导，学深悟透习近平总书记关于加强和改进人民政协工作的重要思想，坚持稳中求进工作总基调，坚持党的领导、统一战线、协商民主有机结合，坚持团结和民主两大主题，发扬优良传统，牢记政治责任，提高政治协商、民主监督、参政议政水平，始终在党和国家工作大局下谋划和开展工作,紧紧围绕推进中国式现代化履行职能、凝心聚力。

第一,我们要提高政治站位,深化对推进中国式现代化的思想认识。中国式现代化是中国共产党领导的社会主义现代化。只有毫不动摇坚持中国共产党领导,中国式现代化才能前景光明、繁荣兴盛。我们要深刻认识中国共产党团结带领全国各族人民为实现社会主义现代化而不懈奋斗的光辉历程、付出的巨大努力、作出的重大贡献,团结引导参加人民政协的各党派团体、各族各界人士坚定不移听党话、跟党走。要深刻把握习近平总书记关于中国式现代化的重要论述,结合政协实际制定贯彻落实的实施意见和工作方案,把坚持中国共产党的全面领导落实到政协工作中、体现在实际行动上。

第二,我们要聚焦重点任务,以高质量建言助推中国式现代化。中国式现代化是一项前无古人的开创性事业,需要广纳群言、广集众智、广谋良策。人民政协要紧扣中共中央重大决策部署、国家重大战略需求、发展中重大现实问题深入协商议政,积极建言献策。要重调研、勤调研、善调研,掌握第一手资料,听取第一线声音,增强建言针对性和可操作性,为科学决策、有效施策提供有益参考。要创新和运用各种协商方式,扩大委员参与面,开展有根有据的深度协商互动,鼓励深入思考的意见充分表达,使建言资政更有用、凝聚共识更有效。要把握协商式监督定位,助推中共中央有关重大决策部署落到实处。

第三,我们要坚持大团结大联合,为推进中国式现代化广泛凝心聚力。中国式现代化是全体中国人民的共同事业,也是全体中华儿女的共同梦想。人民政协要自觉促进中华儿女大团结,调动一切可以调动的积极因素,团结一切可以团结的力量。要加强思想政治引领,多做强信心、聚民心、暖人心、筑同心的工作,形成团结一心、攻坚克难、开拓奋进的强大合力。要讲好中国故事,讲清楚中国式现代化既造福中国人民、又促进世界各国现代化,助力营造良好外部环境。

　　各位委员、同志们!

　　初心如磐,使命如炬。我们要更加紧密地团结在以习近平同志为核心的中共中央周围,把实干、责任、担当书写在推进中国式现代化新征程上,为全面建设社会主义现代化国家、全面推进中华民族伟大复兴而团结奋斗!

中国人民政治协商会议
第十四届全国委员会第二次会议
关于政协十四届一次会议以来
提案工作情况报告的决议

（2024 年 3 月 10 日政协第十四届
全国委员会第二次会议通过）

中国人民政治协商会议第十四届全国委员会第二次会议,批准高云龙代表政协第十四届全国委员会常务委员会所作的政协十四届一次会议以来提案工作情况的报告。

中国人民政治协商会议
全国委员会常务委员会关于
政协十四届一次会议以来
提案工作情况的报告

——在政协第十四届全国委员会第二次会议上

（2024 年 3 月 4 日）

高 云 龙

各位委员：

我代表中国人民政治协商会议第十四届全国委员会常务委员会，向大会报告十四届一次会议以来的提案工作情况，请予审议。

一

2023 年是全面贯彻中共二十大精神的开局之年，也是十四届全国政协的起步之年。广大政协委员、政协各参加单位和各专门委员会,深入学习贯彻习近平新时代中国特色社会主义思想和中共二十大精神,深刻领悟"两个确立"的决定性意义,增强"四个意识"、坚定"四个自信"、做到"两个维护",积极通过提案履行政协职能。全国政协十四届一次会议以来,共提出提案5621件,经审查立案4791件。立案提案中,委员提案4322件,集体提案469件,其中各民主党派中央、全国工商联提案356件。遴选并督办重点提案72项。截至2024年2月底,99.9%的提案已经办复。

总体来看,提案紧紧围绕推动高质量发展这个全面建设社会主义现代化国家的首要任务和构建新发展格局这个战略任务,聚焦推进中国式现代化、实施"十四五"规划中的重大问题和人民群众普遍关心的热点难点问题建言献策,涵盖面广,针对性、可行性、实效性强。通过各承办单位认真办理提案,许多意见建议被采纳,并体现到党和国家相关政策、发展规划和部门工作中,为统筹推进"五位一体"总体布局、协调推进"四个全面"战略布局发挥了积极作用。

经济建设方面,围绕构建高水平社会主义市场经济体制、建设现代化产业体系、全面推进乡村振兴、推进高水平对外开放等提出提案2200余件。有关加快建设世界一流企业、优化国有资本布局和结构调整等提案建议,在国有企业深化改革提升行动方案中被采纳。优化中小企业营商环境、引导民营企业加强自身建设等提案建议,在促进民营经济发展壮大的意见中得到体现。相关部门采纳制造业高端化智能化绿色化发展、重点产业链自主可控等提案建议，布局国家制造业创新中心，开展关键共性技术研发，深化拓展"5G+工业互联网"。加快农业核心种源研发、加快生物育种创新发展等提案，推动相关部门深入开展优良品种推广应用和国家育种联合攻关，促进种业振兴行动落地见效。进一步恢复和扩大消费等提案建议，被吸纳到促进汽车和电子产品消费、健康消费、绿色消费的若干措施之中。推进资本市场基础制度建设等提案建议，为推动制定《金融稳定法》，防范金融风险提供参考。有关提案提出的积极吸引外国投资、发展跨境电商等建议，推动相关部门精简外商投资准入负面清单事项，修订境外投资管理办法。

政治建设方面，围绕全面发展协商民主、积极发展基层民主、巩固和发展最广泛的爱国统一战线、完善中国特色社会主义法律体系等提出提案500余件。针对建立健全"深度协商"工作机制、完善人民政协民主监督制度机制等提案建议，全国政协在制定专题研究工作办法、加强和改进民主监督工作实施意见时予以采纳。加强农村基层组织建设、提升基层治理效能等提案，为有关部门制定开展主题教育相关文件提供了有益参考。加强宗教人才培养规划、加强宗教教职人员队伍管理等提案，在加强宗教工作"三支队伍"建设的意见等文件中得以体现。修改刑法、民事诉讼法和制定无障碍环境建设法、检察公益诉讼法等提案，为深入推进科学立法、民主立法、依法立法提供了重要参考，相关提案涉及的 28 个立法项目有 19 个列入十四届全国人大常委会立法规划。关于制定知识产权基础性法律、加强地理标志保护等提案，在强化知识产权法治保障、制定地理标志统一认定制度实施方案中得到吸纳。

文化建设方面，围绕践行社会主义核心价值观、繁荣发展文化事业和文化产业、增强中华文明传播力影响力等提出提案 400 余件。把新时代 10 年发展成就全面融入青少年爱国主义教育、加强全民国防教育等提案，在《爱国主义教育法》和新修订的《新时代全民国防教育大纲》中得到体现。深化中国边疆史研究、抓好中华民族史教育等提案，有关部门在编纂《新编〈中国通史〉》、《中华民族史》、制定铸牢中华民族共同体意识教育的指导意见时借鉴吸收。加强网络文明建设、做好网上舆情管控等提案，助力有关部门细化工作举措，营造清朗网络空间。构建京津冀文旅融合发展新格局、发展乡村文旅产业、推进国家文化公园建设等提案，推动有关部门制定了文化产业赋能乡村振兴试点工作方案等政策文件。提升中华文化传播效能等提案，助力完善中华文化"走出去"工作协调机制，有关方面策划筹办文明传播项目近 800 项。

社会建设方面，围绕完善分配制度、实施就业优先战略、健全社会保障体系、推进健康中国建设、实施科教兴国战略、统筹发展和安全等提出提案 1500 余件。加大高校毕业生就业支持力度、强化新就业形态劳动协商机制等提案，有关部门积极采纳，健全完善劳动者权益保障机制。完善学生心理健康教育体系、规范配备中小学校心理教师等提案,推动有关部门制定《全面加强和改进新时代学生心理健康工作专项行动计划》。针对加强居家养老护理员队伍建设、加强特殊困难失能老人照护等提案,有关部门进一步落实中办、国办关于推进基本养老服务体系建设的意见,持续开展居家和社区基本养老服务提升行动。采纳支持国家实验室全面展开科研任务攻关等提案建议,有关部门从完善管理体制、强化科研经费稳定支持、优化引才聚才用才机制等方面完善政策措施。促进矛盾纠纷多元化解、防范和打击电信诈骗、严惩暴力违法犯罪等提案,有效助推平安中国建设。

生态文明建设方面,围绕加快发展方式绿色转型、深入推进环境污染防治、推进碳达峰碳中和等提出提案700余件。针对支持长江经济带绿色发展、加强黄河流域生态环境协作等提案建议,有关部门细化长江经济带发展2023年重点工作安排,编制沿黄省(区)工业园区水污染整治方案,出台29项具体工作举措。有关部门采纳开展草原普查等提案建议,专题研究启动全国森林草原普查工作。统筹规划农村改厕、垃圾处理等提案,为制定农村生活污水治理指导意见、促进农村人居环境质量提升提供参考。完善全国统一碳市场建设等提案,助推重启温室气体自愿减排交易市场,完善相关行业技术规范,严格落实"双控"目标。有关大气污染物排放标准等提案建议,为制定《空气质量持续改善行动计划》提供参考。

二

2023 年,常委会以习近平新时代中国特色社会主义思想为指导,准确把握人民政协性质定位,坚持问题导向,树牢质量意识,守正创新、开拓进取,提案工作呈现崭新局面。

(一)**牢牢把准政治方向**。深入开展学习贯彻习近平新时代中国特色社会主义思想主题教育,坚持围绕中心、服务大局,全面贯彻落实习近平总书记关于加强和改进人民政协工作的重要思想和中共中央的各项决策部署,把加强中国共产党的全面领导落实到提案工作全过程。完善全国政协主席会议审定重点提案、主席会议成员牵头督办重点提案、主席会议听取年度重点提案督办情况汇报机制,特别是 22 位主席会议成员督办 31 项重点提案,参与领导同志之多、选题内容之广、督办力度之大前所未有,示范带动作用明显。修订提案工作条例,贯彻落实习近平总书记关于做好提案工作的重要指示精神,为推动提案工作与时俱进、创新发展提供制度保证。

(二)**树立鲜明质量导向**。注重源头发力,通过开展提案工作专题培训、征集并发布提案参考选题、召开重点关切问题情况通报会等,引导委员从发展所需、人民所急、专业所长精准选题、务实建言,全年近二千名委员提交提案,提案整体质量明显提升。加强与各民主党派中央和全国工商联的工作交流,做好集体提案的统筹协调工作,党派团体、界别小组通过广泛协商、层层遴选，提出了许多既有鲜明界别特点，又切实可行的高质量提案。严把提案立案审查关，加强沟通协商，确保提案立得准、有共识、可落实。

（三）**增强提案督办实效**。压实督办责任，办公厅加强统筹协调，各专门委员会分工协作，通过开展视察、调研、提案办理协商会、走访承办单位、报送重要提案摘报或专报等方式督办重点提案，增强督办实效。强化督办协商，将提案督办与全国政协各项协商议政活动有机融合，搭建提办双方常态化协商平台，扩大调研参与面，提升协商多样性，有效助推提案成果转化。各提案承办单位完善办理工作体系，建立工作台账，定期督促提醒，反馈办理情况，集中精力办好政协重点提案，以点带面提升整体办理水平。

（四）**着力推动工作创新**。探索建立通过提案反映界别群众意见和建议的机制，在组织开展党员委员联系党外委员、委员联系界别群众、委员履职"服务为民"等工作中，引导委员倾听界别群众呼声，反映界别群众意愿。完善提案工作制度机制，在督办调研中落实中共中央关于大兴调查研究的部署要求，加强和改进重要提案摘报选题和摘编工作，加强对地方政协提案工作的指导。稳步推进提案工作信息化建设，优化升级智能提案系统，实现提案100%网上提交和审查处理。

一年来，提案工作取得了显著成效，但也还存在一些需要加强和改进的方面。比如，提案质量仍有待提升，提案办理协商有待深化，平时提案立案和办理机制有待完善等。

三

2024年是中华人民共和国成立75周年,是实现"十四五"规划目标任务的关键一年,也是人民政协成立75周年,做好提案工作意义重大。我们要始终把思想和行动统一到以习近平同志为核心的中共中央决策部署上来,推动提案工作上水平、上台阶,更好发挥在人民政协工作中的全局性作用。

（一）**聚焦中心工作精准建言**。把实现中共二十大确定的目标任务和中央经济工作会议部署的九项任务作为履职重点,聚焦全面深化改革开放、推动高水平科技自立自强、统筹扩大内需和深化供给侧结构性改革、防范化解风险、抓好"三农"工作、增进民生福祉、保持社会稳定等方面重大问题,提出富有精准度和含金量的高质量提案。

（二）**发挥提案在政协履职中的重要作用**。引导提案者坚持不调研不提案、重质量不比数量,积极运用提案的方式履职尽责。落实《全国政协关于加强和改进民主监督工作的实施意见》,更好发挥提案监督作用。发挥专门委员会协调作用,完善平时提案工作机制,推进提案工作更加常态化、长效化。

（三）**推动提案工作高质量发展**。深入学习贯彻习近平总书记关于加强和改进人民政协工作的重要思想,召开全国政协第八次提案工作座谈会,总结规律性认识,深化理论研究和实践创新。抓好新修订提案工作条例的实施,跟进完善提案审查、分办、办理协商、重点提案遴选与督办、成果转化、好提案评选等工作规范,提升提案工作的整体水平。

各位委员,新时代赋予新任务,新征程呼唤新作为。让我们更加紧密地团结在以习近平同志为核心的中共中央周围,坚定信心、同心同德,扎实工作、开拓创新,为以中国式现代化全面推进强国建设、民族复兴伟业作出新的更大贡献!

中国人民政治协商会议
第十四届全国委员会提案委员会
关于政协十四届二次会议
提案审查情况的报告

（2024 年 3 月 10 日政协第十四届
全国委员会第二次会议通过）

全国政协十四届二次会议期间，广大政协委员、政协各参加单位以习近平新时代中国特色社会主义思想为指导，全面贯彻落实中共二十大和二十届二中全会精神，通过提案积极建言，以高水平履职的实际行动迎接中华人民共和国成立 75 周年和人民政协成立 75 周年。

截至 3 月 5 日 20 时，共收到提案 5898 件。依据《中国人民政治协商会议全国委员会提案工作条例》和提案审查工作细则，经审查，立案 5006 件，并案 160 件，转为意见和建议 732 件。

立案提案中，委员提案 4534 件，占 90.6%；各民主党派、人民团体和界别、委员小组等集体提案 472 件,占 9.4%。其中,经济建设方面提案 1985 件,占 39.7%;政治建设方面提案 465 件,占 9.3%;文化建设方面提案 457 件,占 9.1%;社会建设方面提案 1436 件,占 28.7%;生态文明建设方面提案 663 件,占 13.2%。

本次会议提案有以下特点:一是提案者认真贯彻习近平总书记关于加强和改进人民政协工作的重要思想,落实中共中央重大决策部署,坚持正确政治方向,聚焦推进中国式现代化,紧扣贯彻新发展理念、构建新发展格局、推动高质量发展和增进民生福祉建言献策。二是提案者注重从政协性质定位、自身工作领域和专业所长深入调研、提出建议,共有 1860 位委员提交提案,总体来看,提案质量进一步提高。三是通过提案发挥人民政协作为专门协商机构的优势作用,践行发展全过程人民民主要求,把智慧和共识凝聚起来,把信心和力量传递出去,体现了为国履职、为民尽责的担当精神。四是在全国政协十四届一次会议实现提案 100% 网上提交基础上,本次会议实现提案处理全流程无纸化网上流转,为提高提案工作水平提供了保障。

大会闭幕后,提案将送交承办单位办理。本次大会提案截止日期以后收到的提案,作为平时提案及时审查处理。

关于召开中国人民政治协商会议第十四届全国委员会第二次会议的决定

（2024年3月1日政协第十四届全国委员会
常务委员会第五次会议通过）

中国人民政治协商会议第十四届全国委员会常务委员会第五次会议决定：中国人民政治协商会议第十四届全国委员会第二次会议于2024年3月4日在北京召开。建议会议的主要议程是：听取和审议中国人民政治协商会议全国委员会常务委员会工作报告和全国政协十四届一次会议以来提案工作情况的报告；列席中华人民共和国第十四届全国人民代表大会第二次会议，听取并讨论政府工作报告及其他有关报告。

中国人民政治协商会议
第十四届全国委员会
第二次会议议程

（2024 年 3 月 4 日政协第十四届
全国委员会第二次会议通过）

一、听取和审议政协全国委员会常务委员会工作报告

二、听取和审议政协全国委员会常务委员会关于政协十四届一次会议以来提案工作情况的报告

三、列席第十四届全国人民代表大会第二次会议，听取并讨论政府工作报告及其他有关报告

四、审议通过政协第十四届全国委员会第二次会议政治决议

五、审议通过政协第十四届全国委员会第二次会议关于常务委员会工作报告的决议

六、审议通过政协第十四届全国委员会第二次会议关于政协十四届一次会议以来提案工作情况报告的决议

七、审议通过政协第十四届全国委员会提案委员会关于政协十四届二次会议提案审查情况的报告

中国人民政治协商会议
第十四届全国委员会第二次会议
秘书长、副秘书长名单

（2024 年 3 月 2 日政协第十四届全国委员会
常务委员会第五次会议通过）

秘 书 长：王东峰
副秘书长：邹加怡（女）　　　李惠东（回族）
　　　　　　韩建华（撒拉族）　张茂于　陈　旭（女）
　　　　　　吴为山　孙东生　　何志敏　王　路
　　　　　　张恩迪　刘政奎　　江利平　邱小平
　　　　　　刘结一　陈小江　　彭金辉（彝族）

附 录 二

团结凝聚力量，奋斗铸就伟业

——热烈祝贺全国政协十四届二次会议开幕

《人民日报》社论

新春伊始，万象更新。3月4日，全国政协十四届二次会议在京开幕。迎着浩荡春风，来自34个界别的2100多名全国政协委员齐聚一堂、共商国是，为推进中国式现代化建言献策。我们对大会的召开表示热烈祝贺！

历史坐标镌刻奋斗足迹，见证全面建设社会主义现代化国家迈出的坚实步伐。2023年是全面贯彻党的二十大精神的开局之年。面对异常复杂的国际环境和艰巨繁重的改革发展稳定任务，以习近平同志为核心的党中央团结带领全党全国各族人民，顶住外部压力、克服内部困难，坚持稳中求进工作总基调，全面深化改革开放，全力推动经济恢复发展，圆满完成全年经济社会发展主要目标任务，取得了来之不易、令人振奋的成绩。一年来，人民政协认真贯彻落实中共中央决策部署，充分发挥专门协商机构作用，聚焦中心工作深入开展调查研究、协商议政、民主监督，为党和国家事业发展作出了新贡献。

今年是中华人民共和国成立75周年，也是人民政协成立75周年。75年的实践证明，人民政协是中国共产党把马克思列宁主义统一战线理论、政党理论、民主政治理论同中国实际相结合的伟大成果，是中国共产党领导各民主党派、无党派人士、人民团体和各族各界人士在政治制度上进行的伟大创造。作为统一战线的组织、多党合作和政治协商的机构、人民民主的重要实现形式，人民政协是国家治理体系的重要组成部分，是具有中国特色的制度安排。在新的历史起点上，把人民政协制度坚持好、把人民政协事业发展好，坚持党的领导、统一战线、协商民主有机结合，就一定能不断开创新时代政协工作的新局面，共同谱写中华民族伟大复兴的光辉篇章。

习近平总书记强调，"以中国式现代化全面推进强国建设、民族复兴伟业，是新时代新征程党和国家的中心任务"。沿着中国式现代化这条康庄大道奋勇前进，我们深知前途一片光明，但脚下的路不会是一马平川，必然会遇到各种可以预料和难以预料的风险挑战、艰难险阻甚至惊涛骇浪。发挥中国共产党领导的政治优势和中国特色社会主义的制度优势，调动一切可以调动的积极因素，团结一切可以团结的力量，心往一处想、劲往一处使，才能胜利推进强国建设、民族复兴的历史伟业。前进道路上，只要我们在党的旗帜下团结成"一块坚硬的钢铁"，画好强国建设、民族复兴的最大同心圆，以团结凝聚力量，以奋斗铸就伟业，任何风浪都动摇不了我们的钢铁意志,任何困难都阻挡不了我们的铿锵步伐,中华民族伟大复兴号巨轮一定能乘风破浪、扬帆远航。

协商民主是党领导人民有效治理国家、保证人民当家作主的重要制度设计,人民政协是社会主义协商民主的重要渠道和专门协商机构。毫不动摇坚持中国共产党的全面领导,坚持发扬民主和增进团结相互贯通、建言资政和凝聚共识双向发力,坚持大团结大联合,把中共中央决策部署和对人民政协工作要求落实下去、把海内外中华儿女智慧和力量凝聚起来,人民政协定能更好担负起新时代的使命任务,为强国建设、民族复兴汇聚磅礴伟力。

众力并则万钧举,人心齐则泰山移。我们要更加紧密地团结在以习近平同志为核心的党中央周围,全面贯彻习近平新时代中国特色社会主义思想,深刻领悟"两个确立"的决定性意义,增强"四个意识"、坚定"四个自信"、做到"两个维护",持续抓好党的二十大战略部署的贯彻落实,把中国式现代化宏伟蓝图一步步变成美好现实。奋进在充满光荣和梦想的新征程上,人民政协使命光荣、责任重大。期待各位政协委员牢记"国之大者",认真履职尽责,建真言、谋良策、出实招,为以中国式现代化全面推进强国建设、民族复兴伟业作出新的更大贡献。

预祝大会圆满成功!

(2024 年 3 月 4 日)

凝心聚力推进中国式现代化

——热烈祝贺全国政协十四届二次会议开幕

《人民政协报》社论

春回大地,万象更新。全国政协十四届二次会议今天在京隆重开幕。来自 34 个界别的 2100 多名全国政协委员肩负亿万人民的殷切期待,齐聚首都共商国是。我们对大会的召开表示热烈祝贺!

刚刚过去的 2023 年,是全面贯彻中共二十大精神的开局之年。一年来,面对严峻复杂形势和多重困难挑战,以习近平同志为核心的中共中央高瞻远瞩、统揽全局,团结带领全党全国各族人民接续奋斗、砥砺前行,坚持稳中求进工作总基调,坚决克服内外困难,全面深化改革开放,疫情防控平稳转段,高质量发展扎实推进,科技创新实现新突破,安全发展基础巩固夯实,民生保障有力有效,经济社会发展主要预期目标圆满实现,社会大局保持稳定。我国在化危机、闯难关、应变局中创造了新机遇、赢得了战略主动,中国式现代化迈出坚实步伐,新时代中国日新月异,伟大梦想正一步步靠近。

推进中国式现代化是一项前无古人的开创性事业。回顾一年来的拼搏奋斗，我们更加深切地体会到，只要我们坚持道不变、志不改，一以贯之、勠力同心，就一定能够战胜前进中的各种艰难险阻，不断迈向成功的彼岸！

以中国式现代化全面推进强国建设、民族复兴伟业，是新时代新征程党和国家的中心任务。在以习近平同志为核心的中共中央坚强领导下，政协全国委员会及其常务委员会坚持以习近平新时代中国特色社会主义思想为指导，全面贯彻落实中共二十大和二十届二中全会精神，深刻领悟"两个确立"的决定性意义，增强"四个意识"、坚定"四个自信"、做到"两个维护"，坚持团结和民主两大主题，坚持人民政协性质定位，坚持在党和国家工作大局中谋划推进政协工作，守正创新，团结奋进，在历届全国政协打下的良好基础上，各项工作取得新成效，服务党和国家事业发展作出新贡献。

人民政协是中国共产党领导的政治组织。一年来，全国政协始终坚持中国共产党对人民政协工作的全面领导，坚持不懈用习近平新时代中国特色社会主义思想凝心铸魂，扎实开展主题教育，巩固团结奋斗的共同思想政治基础。围绕中共二十大重大部署协商议政，服务党和国家中心任务，把中共中央大政方针和决策部署不折不扣贯彻落实到人民政协全部工作之中。践行以人民为中心的发展思想，引导委员履职为民服务群众，助推保障和改善民生。抓实经常性工作，聚焦"国之大者"、民之关切，提升履职效能。发挥统一战线组织功能，努力寻求最大公约数、画出最大同心圆，把更多力量团结在中国共产党周围。积极开展对外友好交往,服务党和国家工作大局,助力构建人类命运共同体。成绩的取得,根本在于以习近平同志为核心的中共中央坚强领导,在于习近平新时代中国特色社会主义思想科学指引。

今年是中华人民共和国成立75周年,是实现"十四五"规划目标任务的关键一年,也是人民政协成立75周年。75年的实践充分证明,人民政协体现了中国特色社会主义制度的优势和特点,是适合中国国情、具有鲜明中国特色的制度安排。在新的历史起点上,人民政协必须坚持以习近平新时代中国特色社会主义思想为指导,坚持以习近平同志为核心的中共中央集中统一领导这个最高政治原则,紧紧围绕推进中国式现代化履职尽责,持续推动中共二十大决策部署贯彻落实;必须坚持党的领导、统一战线、协商民主有机结合,继续发挥独特优势、发扬优良传统、牢记政治责任,强化思想政治引领、积极建言资政、广泛凝聚共识、加强自身建设,为实现全年经济社会发展目标任务汇聚智慧和力量,不断开创新时代新征程人民政协工作新局面。

回首过往豪情满怀,展望未来重任在肩。新的一年,让我们更加紧密地团结在以习近平同志为核心的中共中央周围,同心同德、群策群力,为推进中国式现代化凝心聚力,为推进强国建设、民族复兴伟业团结奋斗。

预祝大会圆满成功!

(2024年3月4日)

画好最大同心圆
共谱壮美新华章

——热烈祝贺全国政协十四届二次会议胜利闭幕

《人民日报》社论

凝聚共识筑同心，广谋良策创伟业。3月10日，全国政协十四届二次会议不负重托、不辱使命，圆满完成各项议程，在北京胜利闭幕。我们对大会的成功表示热烈祝贺！

这是一次高举旗帜、民主团结、求实奋进的大会。会议期间，中共中央总书记、国家主席、中央军委主席习近平等党和国家领导同志出席大会开幕会和闭幕会，看望了参加会议的委员，并参加联组会听取意见建议，同委员们共商国是、共谋发展。广大政协委员认真履职尽责，协商议政、建言献策，听取和审议全国政协常委会工作报告和提案工作情况的报告，列席十四届全国人大二次会议，听取并讨论政府工作报告以及其他有关报告，充分彰显了我国全过程人民民主的特点和制度优势与生机活力。

习近平总书记强调："今年是人民政协成立75周年。人民政协要发扬优良传统，牢记政治责任，加强思想政治引领,加强专门协商机构制度建设,加强自身建设,政协委员要提高自身素质和履职能力,不断开创新时代政协工作和多党合作事业新局面。"七十五载同心同行,新的征程携手奋进。实践表明,坚持中国共产党领导是成立人民政协时的初心所在,是75年来人民政协始终恪守的根本政治原则,是人民政协事业发展进步的根本保证。面向未来,坚持党的领导、统一战线、协商民主有机结合,坚持团结和民主两大主题,准确把握人民政协性质定位,把人民政协制度坚持好、把人民政协事业发展好,就一定能为党和国家事业发展作出新贡献。

团结就是力量,奋斗创造未来。中国式现代化是全体人民的共同事业,也是一项充满风险挑战、需要付出艰辛努力的宏伟事业,必须动员全体中华儿女一起来想、一起来干,紧紧依靠全体人民和衷共济、共襄大业。前进道路上,我们要巩固和发展最广泛的爱国统一战线,画好强国建设、民族复兴的最大同心圆,齐众心、汇众力、聚众智,形成同心共圆中国梦的强大合力。要发挥人民政协作为最广泛的爱国统一战线组织作用,善于用中国式现代化宏伟蓝图和生动实践鼓舞人、激励人、感召人,坚持大团结大联合,团结一切可以团结的力量、调动一切可以调动的积极因素,最大限度凝聚起共同奋斗的力量。

奋进在充满光荣和梦想的新征程上,人民政协使命光荣、责任重大。作为中国共产党领导的政治组织,作为社会主义协商民主的重要渠道和专门协商机构,人民政协要坚持以习近平新时代中国特色社会主义思想为指导，坚持发扬民主和增进团结相互贯通、建言资政和凝聚共识双向发力，聚焦中国式现代化目标任务献计出力，更好把人民政协制度优势转化为国家治理效能。人民政协各党派、各团体、各族各界各方面人士要围绕中共二十大提出的重大战略任务和中央经济工作会议部署，深入调查研究，积极建言资政，广泛凝聚共识，助力中国式现代化建设。

中国式现代化是强国建设、民族复兴的康庄大道，开辟的是人类迈向现代化的新道路，开创的是人类文明新形态。沿着这条康庄大道前行，把党的二十大擘画的宏伟蓝图变成美好现实，尤需坚定信心、开拓奋进。让我们更加紧密地团结在以习近平同志为核心的党中央周围，全面贯彻习近平新时代中国特色社会主义思想，深刻领悟"两个确立"的决定性意义，增强"四个意识"、坚定"四个自信"、做到"两个维护"，同心同德、群策群力，在新征程上共同谱写中国式现代化的壮美华章。

（2024 年 3 月 11 日）

团结奋进
不断开创新时代人民政协工作新局面

——热烈祝贺全国政协十四届二次会议胜利闭幕

《人民政协报》社论

春风浩荡满目新,扬帆奋进正当时。全国政协十四届二次会议不负重托,圆满完成各项议程,3月10日在北京胜利闭幕。我们向大会的成功表示热烈祝贺!

这是一次凝心聚力、团结奋进的大会。大会以习近平新时代中国特色社会主义思想为指导,全面贯彻中共二十大和二十届二中全会精神,认真学习贯彻习近平总书记在全国"两会"期间发表的重要讲话精神,积极履行职责,务实协商议政,取得重要成果。

这是一次提振信心、鼓舞士气的大会。中共中央总书记、国家主席、中央军委主席习近平等党和国家领导人看望了参加会议的委员,并与委员共商国是。委员们以高度的政治责任感和历史使命感,认真审议常务委员会工作报告、提案工作情况报告,列席十四届全国人大二次会议,听取并讨论了政府工作报告及"两高"工作报告,讨论国务院组织法修订草案及其他有关报告等,围绕党和国家工作大局,建诤言、献良策、谋实招,展现了奋发有为、昂扬向上的精神风貌,体现了为国履职、为民尽责的使命担当,彰显了"中国式民主"的生机与活力。

会议期间,习近平总书记在民革、科技界、环境资源界委员联组会上发表重要讲话,就民革、科技界、环境资源界发挥优势作用、更好履行职能提出明确要求,讲话具有很强的政治性、思想性、指导性、针对性。广大委员深受鼓舞、倍感振奋,一致表示要认真提高政治站位,抓好贯彻落实,坚持新时代中国共产党解决台湾问题的总体方略,团结海内外、岛内外一切可以团结的爱国力量,深化两岸各领域融合发展,共同推进祖国和平统一进程;进一步增强科教兴国强国抱负,担当科技创新重任,助推科技自立自强;深入学习习近平生态文明思想,在加强生态环境保护、以高水平保护支撑高质量发展上作出新贡献,推进美丽中国建设。

过去一年,以习近平同志为核心的中共中央团结带领全党全国各族人民,坚持稳中求进工作总基调,坚决克服内外困难,全面深化改革开放,圆满完成经济社会发展主要目标任务,全面建设社会主义现代化国家迈出坚实步伐,极大增强了全国各族人民的信心和底气。实践充分证明,"两个确立"是中国共产党团结带领全国各族人民应对一切不确定性的最大确定性、最大底气、最大保证。人民政协要深刻领悟"两个确立"的决定性意义,增强"四个意识"、坚定

"四个自信"、做到"两个维护",始终在思想上政治上行动上同以习近平同志为核心的中共中央保持高度一致。

今年是中华人民共和国成立 75 周年,是实现"十四五"规划目标任务的关键一年,也是人民政协成立 75 周年。人民政协要毫不动摇坚持中国共产党领导,坚持党的领导、统一战线、协商民主有机结合,提高政治判断力、政治领悟力、政治执行力,把坚决做到"两个维护"贯彻到人民政协工作各方面和全过程。要坚持不懈用习近平新时代中国特色社会主义思想凝心铸魂,巩固拓展主题教育成果,常态化开展理论学习和政治培训,更好把学习成效转化为政治协商、民主监督、参政议政的能力本领。要发挥我国新型政党制度优势,铸牢中华民族共同体意识,坚持我国宗教中国化方向,加强同党外知识分子、非公有制经济人士、新的社会阶层人士联系,全面准确、坚定不移贯彻"一国两制"、"港人治港"、"澳人治澳"、高度自治的方针,促进政党关系、民族关系、宗教关系、阶层关系、海内外同胞关系和谐,巩固和发展最广泛的爱国统一战线。要深入开展委员联系界别群众工作和委员履职"服务为民"活动,协助党和政府做好提振信心、凝聚人心、解疑释惑的工作。要积极开展对外友好交往,宣介构建人类命运共同体理念,讲好中国故事,传播好中国声音。要筹备组织好庆祝人民政协成立 75 周年相关活动,发扬优良传统,牢记政治责任,加强思想政治引领,加强专门协商机构制度建设,加强自身建设,不断把人民政协事业推向前进。

团结凝聚力量,奋斗铸就伟业。让我们更加紧密地团结在以习近平同志为核心的中共中央周围,同心同德、群策群力,不断开创新时代人民政协工作新局面!

(2024 年 3 月 11 日)

图书在版编目（CIP）数据

中国人民政治协商会议第十四届全国委员会第二次会议文件汇编／
中国人民政治协商会议全国委员会办公厅编．—北京：
人民出版社，2024.3
ISBN 978-7-01-026448-6

Ⅰ．①中… Ⅱ．①中… Ⅲ．①中国人民政治协商会议-文件-汇编
Ⅳ．①D627

中国国家版本馆 CIP 数据核字（2024）第 058229 号

中国人民政治协商会议

第十四届全国委员会

第二次会议文件汇编

ZHONGGUO RENMIN ZHENGZHI XIESHANG HUIYI

DI-SHISIJIE QUANGUO WEIYUANHUI

DI-ERCI HUIYI WENJIAN HUIBIAN

中国人民政治协商会议全国委员会办公厅编

人民出版社 出版发行
（100706　北京市东城区隆福寺街 99 号）

北京新华印刷有限公司印刷　新华书店经销
2024 年 3 月第 1 版　2024 年 3 月北京第 1 次印刷
开本：880 毫米×1230 毫米 1/32　印张：2
字数：39 千字

ISBN 978-7-01-026448-6　定价：6.00 元

邮购地址　100706　北京市东城区隆福寺街 99 号
人民东方图书销售中心　电话（010）65250042　65289539